CARTE POSTALE

Tous les Pays étrangers n'acceptent pas la Correspondance au recto
(Se renseigner à la Poste).

French Pages

Ready-to-Use Scrapbook Pages

Anna Corba

A LARK/CHAPELLE BOOK

A Division of Sterling Publishing Co., Inc.
New York

A Lark/Chapelle Book

Chapelle, Ltd., Inc.
P.O. Box 9255, Ogden, UT 84409
(801) 621-2777 • (801) 621-2788 Fax
e-mail: chapelle@chapelleltd.com
Web site: www.chapelleltd.com

10 9 8 7 6 5 4 3 2 1

First Edition

Published by Lark Books, A Division of
Sterling Publishing Co., Inc.
387 Park Avenue South, New York, N.Y. 10016

© 2006, Sterling Publishing Co., Inc.

Distributed in Canada by Sterling Publishing,
c/o Canadian Manda Group, 165 Dufferin Street
Toronto, Ontario, Canada M6K 3H6

Distributed in the United Kingdom by GMC Distribution Services,
Castle Place, 166 High Street, Lewes, East Sussex, England BN7 1XU

Distributed in Australia by Capricorn Link (Australia) Pty Ltd.,
P.O. Box 704, Windsor, NSW 2756 Australia

Manufactured in China

ISBN 13: 978-1-57990-990-1
ISBN 10: 1-57990-990-6

For information about custom editions, special sales, premium and corporate
purchases, please contact Sterling Special Sales Department at 800-805-5489
or specialsales@sterlingpub.com.

Introduction

Scrapbooking is a wonderful way to document special day-to-day events, holidays, celebrations, and family history. However, not everyone has the time or the money to do what it takes to create show-stopping scrapbook pages. That's where the *Instant Memories Ready-to-Use Scrapbook Pages* series comes in. The top designers in the field have done all the work for you—simply add your favorite photos to their layouts and you're done! Or add a few embellishments, such as a charm or ribbon, and you have a unique personalized page in minutes. You can tear the pages directly from the book, photocopy them to use time and again, or print them from the enclosed CD.

As an added bonus in the *Instant Memories* series, we have included hundreds of rare, vintage images on the enclosed CD-Rom. From Victorian postcards to hand-painted beautiful borders and frames, it would take years to acquire a collection like this. However, with this easy-to-use resource, you'll have them all right here, right now, to use for any computer project over and again. Each image has been reproduced to the highest quality standard for photocopying and scanning and can be reduced or enlarged to suit your needs.

Perfect for paper crafting, scrapbooking, and fabric transfers, *Instant Memories* books will inspire you to explore new avenues of creativity. We've included a sampling of ideas to get you started, but the best part is using your imagination to create your own projects. Be sure to look for other books in this series as we continue to search the markets for wonderful vintage images.

How to Use This Book

General Instructions:

The art pages in this book are printed on one side only, making it easy to simply tear out the pages and use as is, or if you choose you can cut out individual images to use on your own pages and projects. However, you'll probably want to use them again, so the enclosed CD-Rom contains all of the images individually as well as in the page layout form. The images are large enough to use at 12" x 12". The CDs can be used with both PC and Mac formats. Just pop in the disk. On a PC, the file will immediately open to the Home page, which will walk you through how to view and print the images. For Macintosh users, you will simply double-click on the icon to open. The images may also be incorporated into your computer projects using simple imaging software that you can purchase specifically for this purpose — a perfect choice for digital scrapbooking.

The reference numbers printed on the back of each image in the book are the same ones used on the CD, which will allow you to easily find the image you are looking for. The numbering consists of the book abbreviation, the page number, the image number, and the file format. The first file number (located next to the page number) is for the entire page. For example, FRE01-01.jpg would be the entire image for page 1 of French Pages. The second file number is for the top-right image. The numbers continue in a counterclockwise fashion.

Once you have resized your images, added text, created a scrapbook page, etc., you are ready to print them. Printing on cream or white cardstock, particularly a textured variety, creates a more authentic look. You won't be able to tell that it's a reproduction! If you don't have access to a computer or printer, that's ok. Most photo-copy centers can resize and print your images for a nominal fee, or they have do-it-yourself machines that are easy to use.

Ideas for Using the Images:

Scrapbooking: These images are perfect for both heritage and modern scrapbook pages. Simply use the image as a frame, accent piece, or border. For those of you with limited time, the page layouts in this book have been created so that you can use them as they are. Simply print out or photocopy the desired page, attach a photograph into one of the boxes, add your own journaling, and you have a beautiful designer scrapbook page in minutes. Be sure to print your images onto acid-free cardstock so the pages will last a lifetime.

Cards: Some computer programs allow images to be inserted into a card template, simplifying cardmaking. If this is not an option, simply use the images as accent pieces on the front or inside of the card. Use a bone folder to score the card's fold to create a more professional look.

Decoupage/Collage Projects: For decoupage or collage projects, photocopy or print the image onto a thinner paper such as copier paper. Thin paper adheres to projects more effectively. Decoupage medium glues and seals the project, creating a gloss or matte finish when dry, thus protecting the image. Vintage images are beautiful when decoupaged to cigar boxes, glass plates, and even wooden plaques. The possibilities are endless.

Fabric Arts: Vintage images can be used in just about any fabric craft imaginable: wall hangings, quilts, bags, or baby bibs. Either transfer the image onto the fabric by using a special iron-on paper, or by printing the image directly onto the fabric, using a temporary iron-on stabilizer that stabilizes the fabric to feed through a printer. These items are available at most craft and sewing stores. If the item will be washed, it is better to print directly on the fabric. For either method, follow the instructions on the package.

Wood Transfers: It is now possible to print images on wood. Use this exciting technique to create vintage plaques, clocks, frames, and more. A simple, inexpensive transfer tool is available at most large craft or home improvement stores, or online from various manufacturers. You simply place the photocopy of the image you want, face down, onto the surface and use the tool to transfer the image onto the wood. This process requires a copy from a laser printer, which means you will probably have to get your copies made at a copy center. Refer to manufacturer's instructions for additional details. There are other transfer products available that can be used with wood. Choose the one that is easiest for you.

Gallery of Ideas

These French images can be used in a variety of projects: cards, scrapbook pages, and decoupage projects to name a few. The images can be used as they are shown in the layout, or you can copy and clip out individual images, or even portions or multitudes of images. The following pages contain a collection of ideas to inspire you to use your imagination and create one-of-a-kind treasures.

Idea 1

Start off your travel album with a "You Are Invited" invitation-like French postcard. Include your departure date and time and list of traveling companions.

art page 4

CARTE POSTALE

YOU ARE INVITED

MAY 12 4:00 PM

HUIT CONTES CHOISIS

THESE ARE
THE DAYS

art page 3

Idea 2 Showcase a vintage black and white photo
and embellish with rubber stamped images,
memorabilia, and sayings.

116 DAY №̱ 4

NICE - La Promenade des Anglais

finally made our
way south and to
the sunny beach

feels so much
better in southern
france!

took a ride
at sunset...

ADMIT ONE
352401   352401
INDIANA TICKET CO.

REGNO D'ITALIA

Idea 3 Add an easy yet interesting border to a family photo by centering it on top of one of the vintage postcards pictured on the page. Add your own journaling and memorabilia.

art page 6

DAY Nº 3 113

went exploring the countryside castles... much too chilly!

CARTE POSTALE

ADMIT ONE
6184272 6184272

art page 5

Idea 4

Use different pages from this book as the background for each day of a trip. Add notes, ticket stubs, and other souvenirs.

remarquable si, entre 5 et 7, on n'y
écrivains les plus célèbres
Julliard ou de chez Ga'
chercher ung

LE
MARAIS

la Calava
40, avenue Pierre-1er-de-Serbie, 8e. BAL. 95-38.

Dans la journée le Calavados est un bar-restaurant
classique fréquenté par des hommes d'affaires et de
cinéma, et par les anciens mannequins de Jacques
Fath dont la maison de couture se trouvait naguère
située juste en face. La nuit, les Champs-Elysées,
Saint-Germain-des-Prés et l'avenue Foch y déversent
leurs épaves et leurs jolies femmes. L'atmosphère
de la salle tout en longueur devient plus mystérieuse
quoique toujours « très parisienne ». (Voir aussi
rubrique « Cabarets-jazz ».)

CAFE
CREME

Il me faut six blancs, encor' ce n'est guère.
Vous m'embrass'rez donc ma petit' lingere.
Jamais j' n'ai vu si menu coudre.
Jamais je n'ai vu
Coudre si menu.

art page 53

Idea 6 Overlay two or more photographs on this
page and stamp the names of the locations.
Add vintage trims or stickers.

Idea 7

Gift tags are easy to make by simply adhering one of the decorative French designs to a small piece of folded cardstock. Punch a small hole in the corner and tie a ribbon.

Idea 8

A keepsake travel box is the perfect place to store memorabilia from your vacation. Begin with a white papier-mâché box, antique it, and then adhere one of the French images to the top using paper adhesive. Tie a coordinating ribbon around the base of the box, placing the bow in the front. Embellish the lid with paper trims and rubber-stamped images.

Idea 9

Give an inexpensive school notebook unique French flair. Select a design for the notebook cover. Using decorative scissors, cut along the edges of the design so that the front of the notebook is covered. Glue the image using paper adhesive and smoothing several times to eliminate any wrinkles. Embellish by tying a ribbon around the notebook cover and then adding small embellishments such as vintage buttons. Glue the ribbon to the notebook underneath the small ribbon embellishments.

Idea 10

Create "authentic" French bottles by selecting small images and mounting them first on colored cardstock. Using decorative scissors, scallop the edges and then adhere them with paper/glass adhesive. Embellish with ribbons and rubberstamped tags.

Liure de
Diuers Ornements
D'orfeurerie fait par
Jean Mussard Orfeure
1678
Auec priuilege

Rliester se. 1843.

2. Dans le troisième exemple, nous avons 〈...〉s devant le nom **parents**. Nous employons l'article 〈...〉ni devant les noms pris dans un sens général.

V. Thème

" Is Madam Milligan waiting for us? " asked Remi.

" Yes, she is waiting for you. Arthur is waiting, too, and will be happy to see you. Madam Milligan is your mother and Arthur is your brother. An enemy of the family stole you when you were a child and abandoned you in France. England is your country. You are English. Mother Barberin, who loved children, took care of you."

" I am very happy," said Remi. " I have found my parents."

SOIXANTIÈME LEÇON

REVUE

I. Grammaire

1. Quels sont les pronoms personnels que nous employons comme sujet du verbe? Sans le verbe?

2. Quels sont les pronoms personnels que nous employons comme complément d'une préposition?

3. Donnez trois phrases pour montrer l'emploi des pronoms 〈...〉 qu'est-ce qui.

〈...〉 l'adjectif interrogatif?

〈...〉tifs.

〈...〉om y et une autre avec le pro-

〈...〉rbe y et une autre avec l'ad-

〈...〉es verbes: **être, avoir, frapper,**

〈...〉, à pour traduire la préposition

〈...〉m de pays.

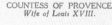

COUNTESS OF PROVENCE
Wife of Louis XVIII.

43 ND

FRE02-03

FRE02-02

FRE02-08

FRE02-07

FRE02-04

FRE02-05

FRE02-06

2 — FRE02-01

A LA RUCHE

PARIS MODE

Carte Déposée

1790
Journal des Dames

in questa sala. 9. L
esso studente. 11. L'an
miglia (Coniugate):
. Essere contento.
. Avere troppe case.
ano la corretta forma il
ntesi, e poi il plurale di
Italian form for the words
ach expression):
zio   (in the
he) mano   (of the
padre   (in the
altra casa (of the
raducano in italiano (Tr

e the month of October
s of the trees are yellow.
ot too warm. 5. Today t
ery one studies with pleas
to study when
r ends. 10.
room is warm because
Paul's sister is now i
ss there are ten girls, and th
listening attentively.
8. The teacher calls he
In this case, use the def
Do not translate the wo
Translate, in the months

FRE03-03

FRE03-02

FRE03-09

FRE03-08

FRE03-04

FRE03-07

FRE03-05

FRE03-06

3 — FRE03-01

Paris. Die Oper.

4 c.

E.A.Schwerdtfeger & C.º Berlin, H

A

IE-ZOÉ, EVANGELINE, ET LOUIS FRANCIS VALLIOT

MERCIER

HUIT CONTES CHOISIS

FRE04-03   FRE04-02

FRE04-04

FRE04-05   FRE04-09

FRE04-06

                              FRE04-08

                              FRE04-07

4 ─| FRE04-01 |

629. - VICHY. - Source Chomel

222   *LES GRANDES FAMILLES*

qu'elle était veuve d'un Roumain, qu'elle avait du sang sla
et qu'elle n'aimait vivre qu'à Paris. Auprès d'eux, Lulu M
blanc disait à Lartois :

« Une future grande actrice, tu sais. Et c'est moi qui l'ai
découverte, parfaitement. Oh ! une petite fille sage... tout ce
qu'il y a de bien, très bonne famille. Elle m'accompagne, tu vas
la voir

Il s'a   e donner
un cou   rès de la
portièr   lui dési-
gnait l

« ...   gesticule
tellemc   nitou de
l'Instru   nir dans
des enc   quer les
gosses !   quels ta-
bleaux

La r   or et de
perles   ux ruti-
laient.   fond de
cour so   il l'avait
annonc   nom de
Sylvain   des bou-
levards   nt Lulu.
Le plus   un rôle
d'ingén

« Ce   t sa jeu-
nesse a   Figaro,
a seule   ait suffi
pour lu   troit du
théâtre,

robe du soir paraissait dans les

Aucune inscription n'est admise du côté de la

CARTE POSTALE

Partie réservée à la Correspondance   Réservée à l'

FRE05-02

FRE05-03

FRE05-07

FRE05-08   FRE05-06

FRE05-04

FRE05-05

5 — FRE05-01

116

NICE - La Promenade des Anglais

G. d'O. 54. VICHY — Rue Georges-Clémenceau

FRE06-04   FRE06-03   FRE06-02

FRE06-08

FRE06-07

FRE06-05

FRE06-06

6 — FRE06-01

Le _____

Table N° _____ **Total Prix Net** _____

35   dont TVA à _____ %

Table N° _____

35

TOTAL SERVICE COMPRIS _____

FRE07-02

FRE07-07

FRE07-03

FRE07-06

FRE07-04

FRE07-05

7 — FRE07-01

G. DE LATTRE

Robes - Manteaux - Fourrures

TÉL. PROVENCE 52-34

24, BOULEVARD POISSONNIÈRE
PARIS
R.C.S 150.994

PARIS — LA PLACE DE L'OPÉRA - L. D.

FRE08-03

FRE08-02

FRE08-04

FRES08-07

FRE08-05

FRES08-06

8 ─ FRE08-01

Toilette de dîner.
(Prix du pat. sur mes. : 5 fr. 25.)

Robe de bal pour jeune fille.
(Prix du pat. sur mes. : 4 fr. 75.)

Toilette d'après-midi.
(Prix du pat. sur mes. : 4 fr. 90.)

Toilette de bal en soie Liberty
(Prix du pat. sur mes. : 5 fr. 25.)

FRE09-03   -FRE09-02

9 — FRE09-01

L'INVITATION AU CHÂTEAU

CHÂTEAU DE CHENONCEAUX. — Façade Occidentale

Collections ND Phot

4 CHAMBORD — Le Château - Façade Nord-Ouest - A. P.
The Castle - North-Western Facade

PALAIS DU LUXEMBOURG - PARIS

LA SYMPHONIE
PASTORALE

215

FRE10-03

FRE10-02

FRE10-04

FRE10-09

FRE10-10

FRE10-08

FRE10-05

FRE10-06

FRE10-07

10 ⊣ FRE10-01

TABLE DES MATIÈRES

Paris, le   18

Mr Ach. Fanien prie

Monsieur

de lui faire le plaisir de venir chasser à

La Chalotterie le

Départ pour Gretz (Ligne de l'Est)

à   heures

Retour à Paris à   heures

R.S.V.P.

FRE11-03

FRE11-02

FRE11-04

FRE11-05

FRE11-01

MARINELLA

RUMBA

Le grand succès créé par **TINO ROSSI**
dans le film **"MARINELLA"**
Production FORRESTER-PARANT

Enregistré par **TINO ROSSI**
sur Disque COLUMBIA

Mouv! de Rumba

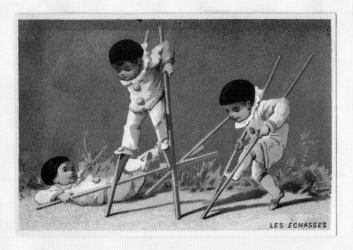

LES ÉCHASSES

FRE12-04   FRE12-03   FRE12-02

FRE12-07

FRE12-05   FRE12-06

DUPONT, DUBOIS, DURAND
FOX-TROT
Création MAURICE CHEVALIER

A droite, en entrant dans la salle de la Coupole :

Félix Galipaux,
Artiste dramatique.

LA COUPOLE

N° 11 ^bis^. Souvenirs de Victor Hugo.

Le Musée conserve comme une précieuse relique les mains de Victor Hugo moulées en 1882, ainsi que sa plume offerte par lui-même à Grévin.

N° 12. Firmin Gémier,
Directeur du théâtre de l'Odéon.

(Rôle de Pétrucchio dans *la Mégère apprivoisée*.)

PARFUMERIE DU NORD
132 & 134, Rue Lafayette, PARIS

MÉDAILLES
OR, ARGENT ET BRONZE

SAVONS SURFINS

N° 13. La Danse.
Anna Pavlova

FRE13-02

FRE13-03

FRE13-04

FRE13-05

FRE13-08

FRE13-06

FRE13-07

13 — FRE13-01

SAVON
SURFIN
À
la Violette de Parme
Nº 1600
REMY
PARIS

GRAND ASSORTIMENT de Soieries

Châles, Fourrures, Draperies & Lainages

GRANDS MAGASINS DE NOUVEAUTÉS

Fᵉⁱˢ THIÉRY & Cⁱᵉ

Canal au Fromage et Marché au lait — ANVERS

NOUVEAUTÉS POUR ROBES

Comptoir Spécial

de Deuil & Demi-Deuil

pour Dames, Hommes & Enfants

CONFECTIONS & COSTUMES

FRE14-02

FRE14-06

FRE14-03   FRE14-04   FRE14-05

14 — FRE14-01

61

№ 10.   Calinet sur g.de cour.

FRE15-03   FRE15-02

FRE15-04

FRE15-05

15 ─┤ FRE15-01 │

FÈVE
NAINE
HÂTIVE

FÈVE
DE MARAIS
GROSSE ORDINAIRE

64

Étage N°1.   Logement sur rue

FÈVE
DE
SÉVILLE

FENOUIL DE FLORENCE

FRE16-03   FRE16-02

FRE16-04   FRE16-08

FRE16-05   FRE16-06

FRE16-07

16 — FRE16-01

Emile Brusset

CHATEAURENARD-PROVENCE

RELEVE DE COMPTES   Fº

Monsieur P. Michaut   Oncy le Fra...

Doit le montant des Factures ci-après, s'élevant à Fr. 268,15

payable en ma traite au   25 Juin 1922 —

DOIT   Châteaurenard, le   13/6   1922 —

Mai	28	Ma Facture		103	65	Juin	13	Expédition P.V. Nº 431 du
Juin	1	"		74	10			30 colis
"	3	"		50	—			Solde débiteur
"	7	"		50	—			Valeur au 25/6 —
"	9	"		54	75			
"	13	"		83	05			
"	"	Traite non fournie 5/12 1920	462	60				
				878	15			

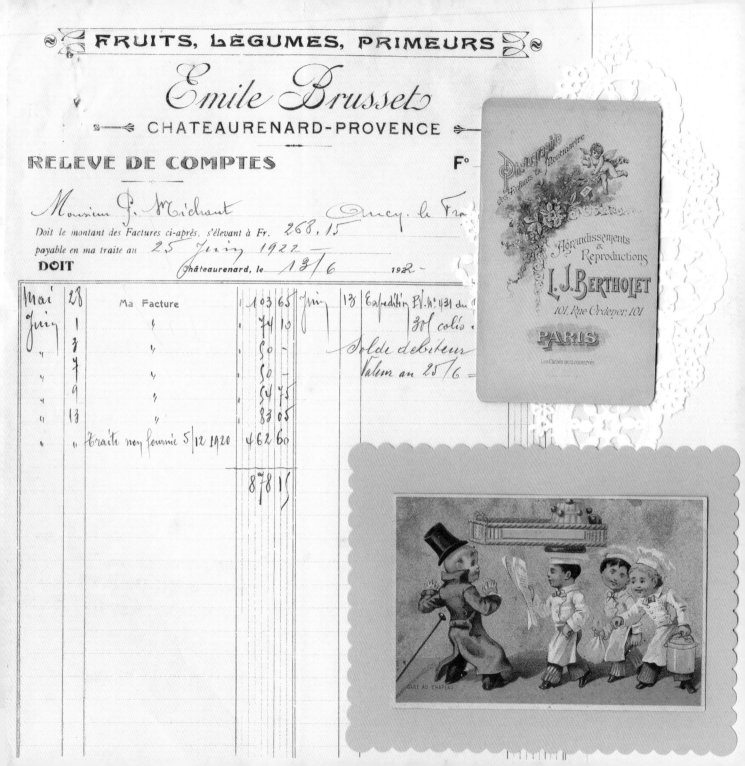

GARE AU CHAPEAU

Photographie des Enfants de Montmartre

Agrandissements & Reproductions

L. J. BERTHOLET

101. Rue Ordener. 101

PARIS

Les Clichés sont conservés

FRE17-03

FRE17-02

FRE17-04

FRE17-05

FRE17-06

17 — FRE17-01

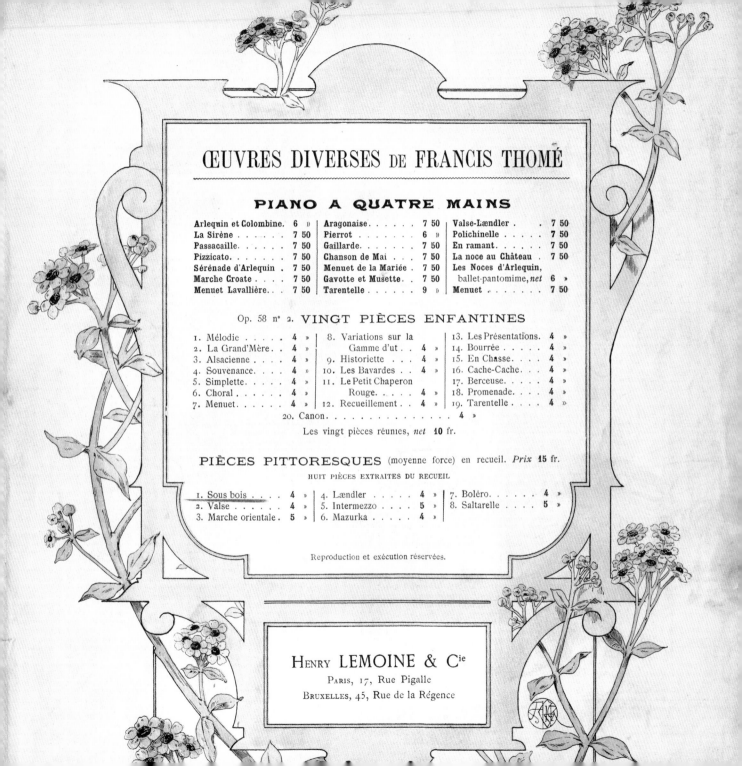

ŒUVRES DIVERSES DE FRANCIS THOMÉ

PIANO A QUATRE MAINS

Arlequin et Colombine. 6 »	Aragonaise 7 50	Valse-Lændler . . 7 50
La Sirène 7 50	Pierrot . . . . . . 6 »	Polichinelle 7 50
Passacaille. 7 50	Gaillarde. 7 50	En ramant. 7 50
Pizzicato. 7 50	Chanson de Mai . . 7 50	La noce au Château . 7 50
Sérénade d'Arlequin . 7 50	Menuet de la Mariée . 7 50	Les Noces d'Arlequin,
Marche Croate . . . 7 50	Gavotte et Musette . 7 50	ballet-pantomime, net 6 »
Menuet Lavallière. . 7 50	Tarentelle . . . . 9 »	Menuet 7 50

Op. 58 n° 2. VINGT PIÈCES ENFANTINES

1. Mélodie . . . . 4 »	8. Variations sur la	13. Les Présentations. 4 »
2. La Grand'Mère . . 4 »	Gamme d'ut . . 4 »	14. Bourrée . . . . . 4 »
3. Alsacienne . . . . 4 »	9. Historiette . . . 4 »	15. En Chasse. . . . 4 »
4. Souvenance. . . . 4 »	10. Les Bavardes . . 4 »	16. Cache-Cache. . . 4 »
5. Simplette. . . . . 4 »	11. Le Petit Chaperon	17. Berceuse. . . . . 4 »
6. Choral . . . . . 4 »	Rouge. . . . . 4 »	18. Promenade. . . . 4 »
7. Menuet . . . . . 4 »	12. Recueillement . . 4 »	19. Tarentelle . . . . 4 »

20. Canon. . . . . 4 »

Les vingt pièces réunies, net **10** fr.

PIÈCES PITTORESQUES (moyenne force) en recueil. *Prix* **15** fr.

HUIT PIÈCES EXTRAITES DU RECUEIL

1. Sous bois . . . . 4 »	4. Lændler . . . . 4 »	7. Boléro. . . . . . 4 »
2. Valse . . . . . 4 »	5. Intermezzo . . . 5 »	8. Saltarelle . . . . 5 »
3. Marche orientale. 5 »	6. Mazurka . . . . 4 »	

Reproduction et exécution réservées.

HENRY LEMOINE & Cie

PARIS, 17, Rue Pigalle
BRUXELLES, 45, Rue de la Régence

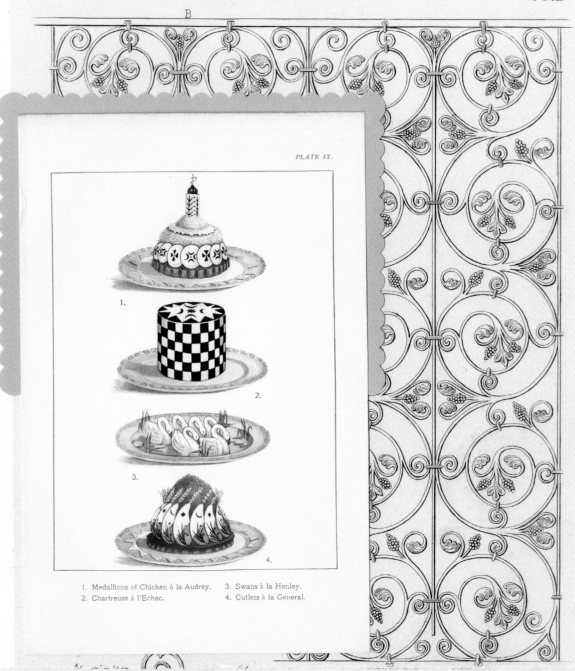

B

PLATE IX.

1.

2.

3.

4.

1. Medallions of Chicken à la Audrey.
2. Chartreuse à l'Echec.

3. Swans à la Henley.
4. Cutlets à la General.

FRE19-02

FRE19-03   FRE19-04

19 — FRE19-01

CARTE POSTALE

Tous les pays étrangers n'acceptent pas la correspondance au recto.
Se renseigner à la Poste.

Correspondance

Adresse

Miss Florence Bolton

Stanford University

California

États Unis d'Amérique

La création d'une robe, par Paul Poiret.

N° 16. La salle de l'Opéra pendant la représentation du *Ballet de Gisèle.*

Les cinquante-six figures composant le corps du ballet sont l'œuvre de MM^mes^ Lafitte et Désirat.

Le public est placé dans une loge d'entre-colonne.

4 {
1
2
3
}

1. Mlle Alice Cocéa. — 2. M. Pierre Wolff. — 3. M. Francis de Croisset. — 4. M. Gustave Quinson.

Les spectatrices de la loge sont habillées par M. Paul Poiret.

CARTE POSTALE

Ce côté est exclusivement réservé à l'adresse

M

FRE20-02

FRE20-03   FRE20-08

FRE20-07

FRE20-09

FRE20-04

FRE20-05   FRE20-06

20 ─ FRE20-01

Inv. et Dess. par H. Fragonard.

LA FIANCÉE DU ROI DE GARBE

L. F. T. I — 9

FRE21-03   FRE21-02

                                                      FRE21-08

                                                      FRE21-07
FRE21-04   FRE21-05

21 ─ FRE21-01   FRE21-06

SCÈNE DE LA SÉDUCTION

(extrait du Duo du Séminaire)

MANON

6e ARRONDISSEMENT

Saint-Germain-des-Prés - rue de Rennes - Odéon
Montparnasse - Sorbonne - rue du Cherche-Midi
rue Saint-André-des-Arts et quai des Grands-Augustins

N'est-ce

6 ♣

10 ♠

4 ♣

HARVESTING

FRE22-05   FRE22-04   FRE22-03   FRE22-02

FRE22-11   FRE22-10

FRE22-06

FRE22-07   FRE22-08   FRE22-09

FRE22-01

ANDRÉ GIDE

LA SYMPHONIE PASTORALE

GALLIMARD

Lévy & Neurdein Réunis — 44, Rue Letellier, Paris

J'espère que mon veston fait son effet.

FRE23-03   FRE23-02

FRE23-04

                              FRE23-08

                              FRE23-07

FRE23-05

                              FRE23-06

— FRE23-01

APPENDICE

L'ARTICLE

1. le père, *the father*   la mère, *the mother*   les hommes, *the men*
    l'homme, *the man*   l'eau, *the water*   les femmes, *the women*

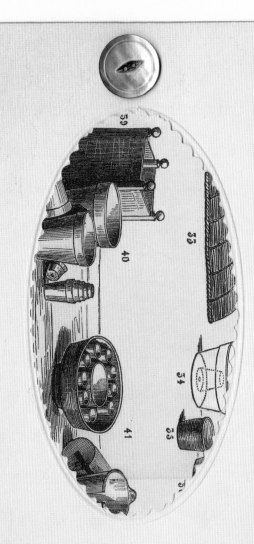

BISCUITS	PETITS FOURS	PATES SÈCHES	PAIN D'ÉPICES
GUILLOUT	GENOISES	CROQUIGNOLLES	FLANDRES
MIGNONS	MERINGUACE	PETITS PAINS	MORCEAUX AUX
LOUISE	FOURS AMANDES	BISCOTTES	FRUITS
FAVORIS	NOUGATINES	GRISINIS	PAVÉS
GLACÉS	CALISSONS	CROQUETS	COURONNES
CHAMPAGNE	FOURS THÉ	MADELEINES	SUJETS VARIÉS
A LA CUILLÈRE			NONNETTES

Les Produits de la Maison GUILLOUT, en concurrence avec tous ceux des autres maisons de l'Europe, ont obtenu par leur supériorité aux EXPOSITIONS UNIVERSELLES de 1867 et 1883, l'unique MÉDAILLE qui décernée à cette industrie.

HORS-CONCOURS, MEMBRE DU JURY, DÉCORÉ EN 1878

Médaille d'Or à l'Exposition d'Amsterdam

DÉCORÉ EN 1883

TROIS USINES { 18 et 20, Faubourg de Temple et 58, Rue de Malte.
                68 et 70, Rue des Fourneaux.
                2, Rue de la Réale.

MAISON DE VENTE & BUREAUX : 116, Rue de Rambuteau, PARIS

du, *employé* *le*;
des, *of* *employé p* *de les*;
au, *to (at) the,* employé pour à le;
aux, *to (at) the,* employé pour à les.

FRE24-03

FRE24-02

FRE24-09

FRE24-08

FRE24-04

FRE24-07

FRE24-06

24 FRE24-01

FRE24-05

Paris   Tour Eiffel

No. 277

4e Leçon
LES POINTS CARDINAUX

Nord-ouest   Nord   Nord-est
Ouest   Est
Sud-ouest   Sud   Sud-est

ROSE DES VENTS

Les points cardinaux sont : l'est, l'ouest, le sud et le nord.

1. **Exercices d'observation.** — 1. Vers quelle heure le soleil se lève-t-il en cette saison? — 2. Dans quelle direction, par rapport à l'école, le soleil se lève-t-il? — 5. Dans quelle direction se couchera-t-il ce soir? — 4. Dans quelle direction voyez-vous le soleil à midi? — 5. Que veut dire : le soleil se lève et se couche?

LECTURE

2. Ce matin, en venant à l'école, avez-vous remarqué de quel côté du ciel le soleil se trouvait? Ce côté, où le soleil app

CARTE POSTALE

Edition Le Cigogne, 49 bis, Rue d'Isly - Alger

RÉPUBLIQUE FRANÇAISE
POSTES
CHÂTEAU DE BLOIS   0.30

JOURNAUX DE MODES RÉUNIS
ABEL GOUBAUD
DIRECTEUR
3, Rue du Quatre Septembre *Paris*

CE CADRE EST EXCLUSIVEMENT
RÉSERVÉ AU TIREUR

CE CADRE EST EXCLUSIVEMENT
RÉSERVÉ AU TIREUR

L. 19

à *Alsa...*

la somme de *dix francs*

pour un abonnement de *6* mois à partir du 1er *Février 1908*

au Journal *La Revue de la Mode* ... *Trente deuxième*

Paris, le 1/2 1908   Le Directeur-Gérant

C. Reymond

FRE25-03   FRE25-02

FRE25-04

FRE25-07   FRE25-06

FRE25-05

25 — FRE25-01

LE COURS DU RUISSEAU

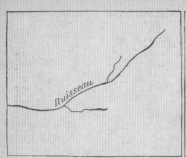

Petit ruisseau deviendra rivière.

1. Exercices d'observation. — 1. Que représente le dessin de gauche? — 2. Que représente la gravure de droite? — 3. Que faut-il pour traverser le ruisseau? — 4. En quoi est fait le pont représenté ici? — 5. Quel est le bâtiment que vous voyez sur le bord de droite du ruisseau? — 6. Que voyez-vous encore dans la gravure?

LECTURE

2. Ce *ruisseau* est d'abord si étroit que vous pourriez le sauter facilement .... -le à travers les prairies qu'il .... rejoindre.

L'e .... éunissent est appelé leur *confl* .... 'appelle l'*affluent* du plus gran .... us large et plus profond qu'au .... eau que son affluent lui a appo .... sauter par-dessus, d'une rive .... ur le traverser. Il reçoit enco .... Le voilà devenu *ru* ....

3. .... ort de s .... est-il .... eau s'éla .... qu'un .... 5. Qu'e .... ruisse .... à l'autre impor .... i par d'a ....

4. .... *eau qu'* .... autre .... *e conflu* ....

5. 6 .... t un pet.

FRE26-03   FRE26-02

FRE26-04

                    FRE26-08
FRE26-05

            FRE26-06   FRE26-07

FRE26-01

11

3ᵉᵐᵉ Étage N° 2

Pour l'année.   Pour janvier.   Avril, juillet et 8bre.

Timbres.   40 Timbre.   10 Timbre.
Loyer.   800   Loyer.   200   Loyer.   200
Eau.   20   Eau.   Eau.
Location verbale.   2   Location verbale.   2
                  822 40   20 10

M Christophe.

Heureuse Fête

249   LUNA

FRE27-03   FRE27-02

FRE27-04

FRE27-05

FRE27-07

27 — FRE27-01   FRE27-06

FRE28-04   FRE28-03   FRE28-02

FRE28-05

FRE28-06

FRE28-07   FRE28-08

FRE28-01

Le Déjeuner

1

Salade Monte Carlo

Les Calories 245   Les Carbohydrates 7 gr.

Pomme Farcie au Four
Flambée au Cognac

Les Calories 124   Les Carbohydrates 26 gr.

Total
Calories
369

❊ 9 ❊

Total
Carbohydrates
33 gr.

FRE29-04   FRE29-03   FRE29-02

FRE29-05

FRE29-01

CHEMINS DE FER DE L'ÉTAT
ET
SOUTHERN RAILWAY (BRIGHTON SECTION)

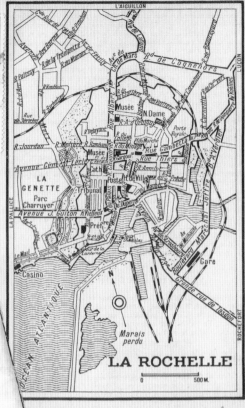

LA ROCHELLE

0 _____ 500 M.

VERSAILLES

PARIS à LONDRES

VIA DIEPPE & NEWHAVEN
par la Gare Saint-Lazare

Voie la plus confortable et la plus économique.

PUISSANTS ET LUXUEUX PAQUEBOTS À TURBINES (POSTES T.S.F.)
LES PLUS RAPIDES DE LA MANCHE

DURÉE DE LA TRAVERSÉE

2h.45

A. Casper

Imprimé par L'Illustration, 13, rue Saint-Georges, Paris

FRE30-04   FRE30-03   FRE30-02

FRE30-05

FRE30-06   FRE30-07

30 — FRE30-01

Aux Pensionnats & Maisons d'éducation

MADAME PLEURUNÇOU

Duo Comique avec Parlé

Prix: 4f

Imp. Dupré, Paris

Paroles de
MARIE VERNET

Musique de
G. MEUGÉ

Paris au Métronome. Emile BENOIT. Editeur, 13, Faubᵍ Stᵉ Martin

Nouvelles
Mélodies de
Guy d'Hardelot

Prix net
1. Because. 1.75
2. Je connais. 1.75
3. Chant de ma mie. 1.75
4. Le Château. 1.75

Nouveau prix: Net FR. 2.10

Copyright

France, Belgique, Italie et Suisse
Librairie HACHETTE & Cie
79, Boulevard Saint-Germain, PARIS

BLUETTES MUSICALES

SOLOS DE CONCOURS

POUR LE PIANO

PAR

CH. NEUSTEDT

Chaque Numéro: 3f

Du même Auteur.
25 Etudes de Mécanisme Pr: 12f

N°

FRE34-03

FRE34-02

FRE34-04

FRE34-05

FRE34-07

34 — FRE34-01

FRE34-06

Sociedad Exportadora Tarraconense
Sucesora de J. de Muller
TARRAGONA

France

Monsieur
Dujardin
Successeur de Mr. Palleron
Rue Pavée, 24.
Paris

MAISON MARX-PICARD
FONDÉE EN 1815

Sur   la terre est un   seul roi   Qui   nous dic_te ses lois._

POUR FÊTER
St Louis

FRE35-03

FRE35-04

FRE35-02

FRE35-05

FRE35-06

FRE35-08

FRE35-07

35 — FRE35-01

M.M. Les Directeurs des
Succursales du Crédit Foncier
de France réunis à Paris, prient

de leur faire l'honneur de prendre
part au banquet qu'ils offrent à
Messieurs les Gouverneurs, le
Samedi 2 Juin à 7 heures, dans les
Salons de l'Hôtel Continental.

25 Mai 1883.

Prière de répondre au siège de
l'Administration
Service Central. 1er Bureau.

Lemoine, G" 5 r. Crébillon Nantes

CARTE POSTALE

La Correspondance au recto n'est pas acceptée par tous les pays étrangers
(Se renseigner à la Poste)

Correspondance

Adresse

FRE36-04   FRE36-03   FRE36-02

FRE36-05

FRE36-06   FRE36-07

FRE36-01

PEINTURES.
Malerei.

5ᵉ Série.   10

A. JH. V. 1. P. 287.

6 Pouces.

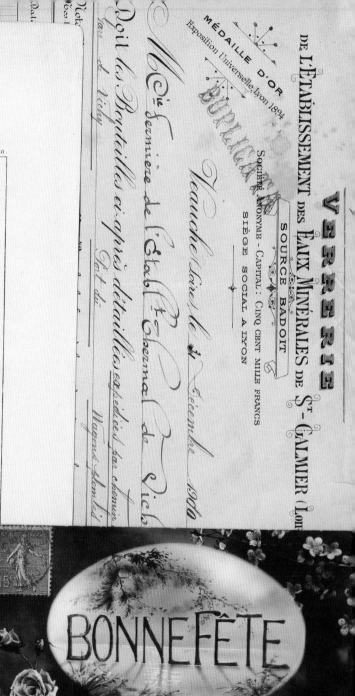

MÉDAILLE D'OR
Exposition Universelle Lyon 1894

VERRERIE
DE L'ÉTABLISSEMENT DES EAUX MINÉRALES DE Sᵗᵉ-GALMIER (Loi...

SOCIÉTÉ ANONYME - CAPITAL : CINQ CENT MILLE FRANCS
SIÈGE SOCIAL A LYON

SOURCE BADOIT

BONNE FÊTE

DIX
PARIS

FRE37-03   FRE37-02

FRE37-04

FRE37-01

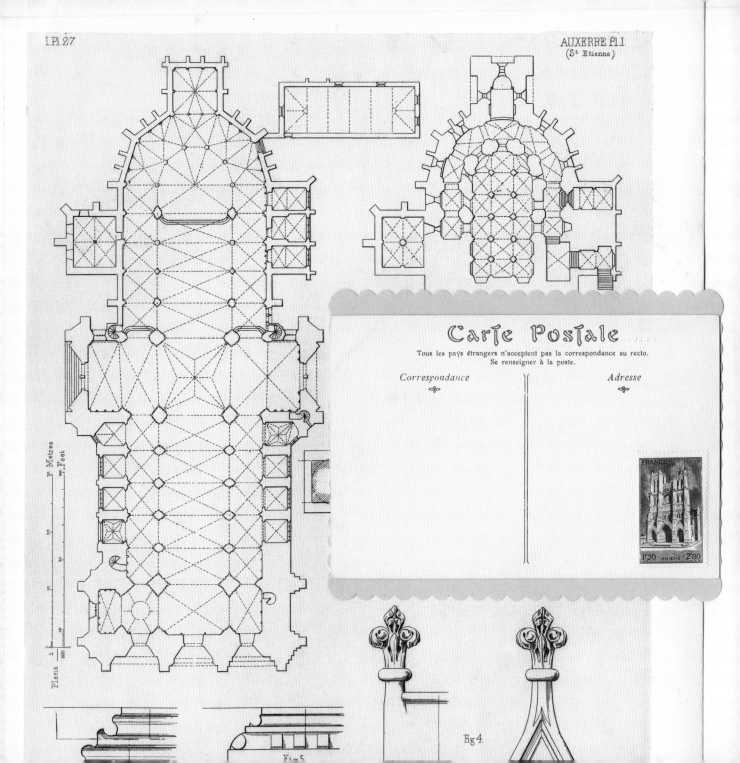

Plans 1.
900

20 Metres.
1.Feet

Carte Postale

Tous les pays étrangers n'acceptent pas la correspondance au recto.
Se renseigner à la poste.

Correspondance

Adresse

FRANCE

1.20   AMIENS   2.80

Fig 4.

Fig 5.

FRE38-02

FRE38-03

FRE38-04

FRE38-01

TOILES EN TOUS GENRES.

Linge de table
unis et damassé.
Calicot, Mouchoirs,
Flanelle, Coutils,
et Mousseline.

BIDARD & MAUNOURY

Articles de Rouen
Alençon, le Mans
Lisieux, Fresnay,
et la Ferté Macé

SUCCESSEURS DE MAHEUX.

A LA FERTÉ-MACÉ. (Orne.)

Mme Tertoult St Savin Doit

les articles suivants comptant sans escompte.

Lith. Clarey & Gibert, Tours

St Georges NICE

GUYENNE, GASCONY: THE SILVER COAST 375

BORDEAUX

PHOTOCHROMIE A.D.I.A. — (St-ROCH) NICE (A.M.)

M

FRE39-03   FRE39-02

                                              FRE39-08

FRE39-04

        FRE39-05   FRE39-07

39 — FRE39-01   FRE39-06

FONDATRICE
Mme EMMELINE RAYMOND

N° 39
Avec planche de patrons o fr. 5o
Jal HEBDOMADAIRE — DIMANCHE 26 SEPTEMBRE 1909 — 50e ANNÉE

DIRECTRICE
Mme ALINE RAYMOND

LA MODE ILLUSTRÉE

JOURNAL DE LA FAMILLE

PARIS, 56, RUE JACOB
(VIe arr.)

TARIFS
des Abonnements
DE
la Mode Illustrée

Les abonnements partent du premier dimanche de chaque mois.

PREMIÈRE ÉDITION

1re Édition avec 52 gravures coloriées et 24 patrons tracés.

Un numéro par mois est plus spécialement consacré aux ouvrages de dames.

Paris, Seine et Seine-et-Oise :
Un an : 12 francs.

Départements :
Un an : 14 francs.

Étranger, Union postale :
Un an : 17 francs.

Suppléments :

REVUE POUR TOUS

paraissant tous les quinze jours, le dimanche.

16 pages, articles d'actualité avec illustration, chronique littéraire, artistique et scientifique, musique, piano et pianochant, morceaux à dire, poésies nouvelles et romans des meilleurs auteurs.

Paris et Départements :
Un an : 4 francs.

Étranger, Union postale :
Un an : 5 francs.

DESSINS

Décalquables et Piqués
(52 par an)

Paris et Départements :
Un an : 4 francs.

Étranger, Union postale :

Nos patrons découpés.

Par suite des exigences de la poste, nous ne pouvons plus mettre dans le journal les bons bleus de patrons que nos lectrices avaient coutume de recevoir. Elles peuvent toutefois se procurer les patrons découpés, comme par le passé, au prix de 25 centimes chaque patron. Joindre à la demande la bande d'abonnement.

De plus, nous rappelons nos bons de caisse que l'on achète d'avance, et qui servent à régler les comptes courants, de patrons découpés ou sur mesure, dessins, etc.

Mandats et chèques

Nous rappelons à nos abonnées que, pour la bonne règle, tous les mandats et chèques qui nous sont adressés doivent être à l'ordre de M. le Gérant de la Mode Illustrée.

L'ADMINISTRATION.

LA
REVUE POUR TOUS

Publie dans son N° 20

FRE40-02

FRE40-03   FRE40-06

FRE40-05

40 — FRE40-01

FRE40-04

LIBRAIRIE HACHETTE ET CIE, 79, BOUL. SAINT-GERMAIN, PARIS

EXTRAIT DU CATALOGUE DES "ÉDITIONS MUSICALES"

CHOIX DE MUSIQUE MODERNE POUR PIANO ET CHANT

MUSIQUE VOCALE

62   DANSES   SANS

Miroir des Modes

Paris: Th. Coffineur, boulevart St. Martin 69

Wien: I. I. Gruss, Tuchlauben 427

	Renouveau............	1 75	Hahn (R.)........
Denza (L.).....	Enchaîné............	2 »	
—	Étoiles sur l'Eau.....	2 »	Holmès (A.)........	Au Jardin des
—	Toujours à Toi......	2 »	— .... Idylle Rouge.....

FRE41-02

FRE41-03

FRE41-09

FRE41-08

FRE41-07

FRE41-04

FRE41-06

FRE41-05

41 — FRE41-01

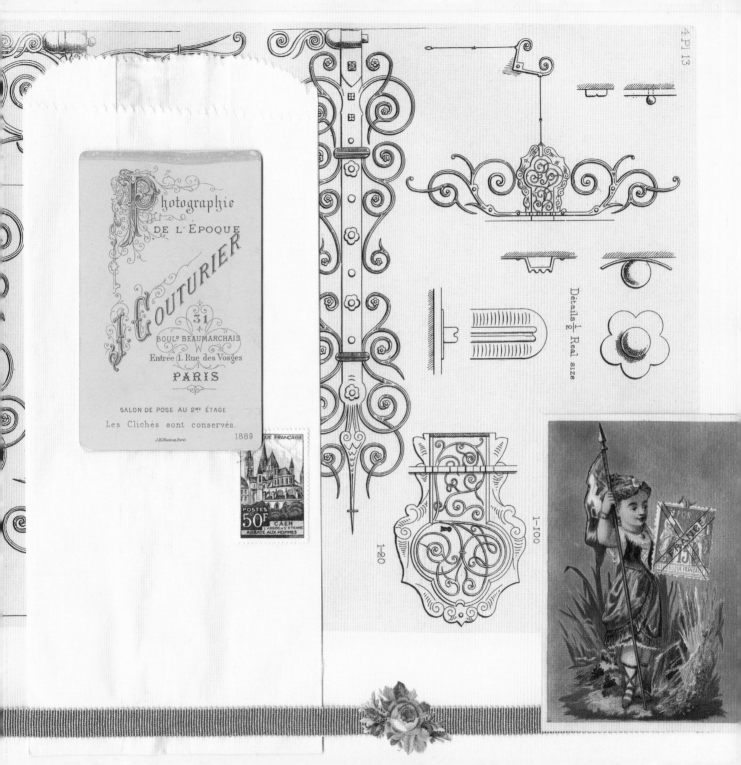

4.Pl.13

Détails ½ Real size

Photographie
DE L'ÉPOQUE
Couturier
31
BOULᴰ BEAUMARCHAIS
Entrée 1. Rue des Vosges
PARIS

SALON DE POSE AU 2ᴹᴱ ÉTAGE
Les Clichés sont conservés.
1889

POSTES
50F
CAEN
L'ABSIDE ᴅᴇ Sᵀ ÉTIENNE
ABBAYE AUX HOMMES
QUE FRANÇAISE

1-20

1-100

FRE42-02

FRE42-03   FRE42-07

FRE42-04   FRE42-06

42 — FRE42-01

FRE42-05

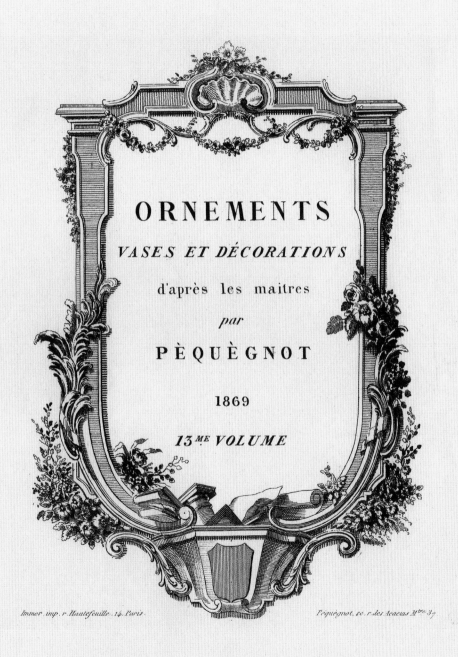

ORNEMENTS

VASES ET DÉCORATIONS

d'après les maitres

par

PÈQUÈGNOT

1869

13ME VOLUME

Imner imp. r Hautefeuille .14. Paris .   Pèquègnot, sc. r. des Acacias M^{tre} 37

LA GAGEURE DES TROIS COMMÈRES

LE MARI

D'où viendrait donc ce cas?

Ai-je perdu la raison ou la vue?

LA FEMME,

Me croyez-vous de sens si dépourvue,
Que devant vous je commisse un tel tour?
Ne trouverais-je assez d'heures au jour
Pour m'égayer, si j'en avais envie?

LE MARI

Je ne sais plus ce qu'il faut que j'y die.
Notre poirier m'abuse assurément.
Voyons encor. » Dans le même moment
...lipoux remonte, et Guillot recommence.
.... le mari voit la danse
.... doucement.

Ruellia lilacina.

PARIS — La Place de la Concorde — L. D.

FRE44-03   FRE44-02

FRE44-04

                                              FRE44-08

                                              FRE44-07

FRE44-05

                                              FRE44-06

FRE44-01

LE PALAIS DES MIRAGES

Qu'est-ce que le Palais des mirages ?

Une merveilleuse illusion d'optique basée sur la propriété que des glaces parallèles ont de réfléchir à l'infini les images placées devant elles.

On se souvient de la fameuse « Salle des Illusions », le clou de l'Exposition de 1900. Le Musée Grévin, en reprenant la même idée, avec le concours de la Société de Saint-Gobain, a réalisé une féerie plus extraordinaire encore et beaucoup plus variée.

Alors que la « Salle des Illusions », en 1900, ne comportait qu'un seul décor, il y en a trois dans le « Palais des Mirages », pouvant donner quarante-cinq effets lumineux différents.

Pour obtenir ce résultat, M. Hénard, l'éminent architecte inventeur de ce prestigieux spectacle, a imaginé un système de glaces tournantes qui, par leur simple rotation, changent en un instant le décor et transportent le spectateur ébloui d'un temple hindou dans u[...]

Des jeux [...] l'aspect du décor et no[...] e d'aubépines sous [...] e pluie d'étoil[...] illiers de pa[...] capric[...]

U[...] trans[...] scinti[...]

U[...] Paulin[...]

C[...] du M[...]

Aussi profonde que sincère
Ma tendresse n'est pas chimère

A vous ma pensée

FRE45-03   FRE45-02

FRE45-04

                                    FRE45-09   FRE45-08

                                                              FRE45-07

45 ─ FRE45-01   FRE45-05

                                           FRE45-06

GARANTI PUR

SAVON FIN A L'AUBÉPINE

Paris – Déposé   Nº 620

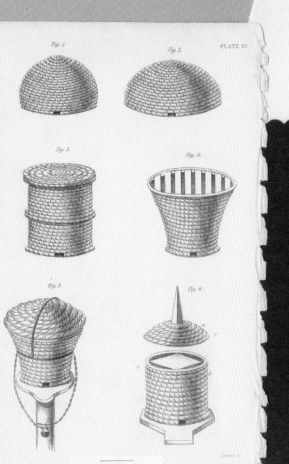

GRANDE ÉDITION

Chose qui fût plus rare et moins facile.
Elle s'attache à l'orteil, dès ce soir,
Un brin de fil qui rendait à la porte
De la maison ; et puis se va coucher
Droit au côté d'Henriet Berlinguier ;
On appelait son mari de la sorte.
Elle fit tant qu'Henriet se tournant
Sentit le fil. Aussitôt il soupçonne
Quelque dessein, et, sans faire semblant
D'être éveillé, sur ce fait il raisonne ;
Se lève enfin, et sort tout doucement,
De bonne foi son épouse dormant,
Ce lui semblait ; suit le fil dans la rue ;
Conclut de là que l'on le trahissait ;
Que quelque amant que la don...
Avec ce fil par le pi...
...vertis...

FRE46-02

FRE46-03

FRE46-04

FRE46-05   FRE46-09

FRE46-06   FRE46-08

46 ─ FRE46-01

FRE46-07

SOUS BOIS

47ᵉ Etude.

MODERATO.

PARIS — Grand Hôtel du Louvre, vu de l'Avenue de l'Opéra   B. F., PARIS

CARTE POSTALE

Tous les Pays étrangers n'acceptent pas la Correspondance au recto.
(Se renseigner à la Poste).

PARFUM PRINTANIER
Premier Mai
HOUBIGANT
19, Faubᵍ Sᵗ Honoré
PARIS

Edition Le Cigogne, 49 bis, Rue d'Isly - Alger

CARTE POSTALE

FRE47-03

FRE47-02

FRE47-04

FRE47-05   FRE47-08

FRE47-09

FRE47-06   FRE47-07

47 ― FRE47-01

LE CALENDRIER DES VIEILLARDS
Nouvelle tirée de Boccace.

Plus d'une fois je me suis étonné
Que ce qui fait la paix du mariage
En est le point le moins considéré,
Lorsque l'on met une fille en ménage.
Les père et mère ont pour objet le bien ;
Tout le surplus, ils le comptent pour rien ;
Jeunes tendrons à vieillards apparient ;
Et cependant je vois qu'ils se soucient
D'avoir chevaux à leur char attelés
De même taille, et mêmes chiens couplés ;
Ainsi des bœufs, qui de force pareille
Sont toujours pris ; car ce serait merveille
Si sans cela la charrue allait bien.
Comment pourrait celle du mariage
Ne mal aller, étant un attelage
Qui bien souvent ne se rapporte en rien ?
J'en vas conter un exemple notable.

On sait qui fut R........ Ginizica,
Qui mainte fête a......
Mainte Vigile, e......
Et du devoir cr......
Très lourdemen......
Cestui Richard......
Homme savan......
Riche d'ailleu......

Monsieur Albert Gatellier
Monsieur & Madame A. Bouton
prient M.

de leur faire l'honneur d'assister au dîner & à la soirée qui
auront lieu le Jeudi 8. Mai 1890, à l'Hôtel Continental.
Entrée : rue Rouget de l'Isle 8   Dîner à 7 heures

On dansera.   R. S. V. P.

66. - ÉPERNAY (Marne). - Place Hugues-Plomb

PHARMACIE WEINMANN
PHOTOGRAPHIE·OPTIQUE   PARFUMERIE·BANDAGES
HINGLAIS

Edit. J. B.

FRE48-03

FRE48-02

FRE48-04

FRE48-07

FRE48-05

FRE48-06

48 — FRE48-01

Condensation par mélange.

...éorie de la pompe à air.

... Pression d'air au condenseur.

... Pression de la Vapeur saturée à la pression de $x°$

$$\frac{2}{0.75}\left(1+\mathcal{E}\right)\delta\left(1+n\right)$$

$$\frac{2}{0.75}\left(1+\mathcal{E}\right)\delta\times\frac{1}{20}\,n\left\{\frac{H}{h}\left[1+\alpha\left(x-t\right)\right]-1\right\}.$$

... numériques de la formule

...du cyl. à vapeur ½ atm. $\delta = 0^{Tonne}{,}0003og$; $\mathcal{E} = 0{,}05$;

... 15° $n - \frac{P}{9} - 27$, $h' - 0{,}0657$, $\alpha = 0{,}0036$;

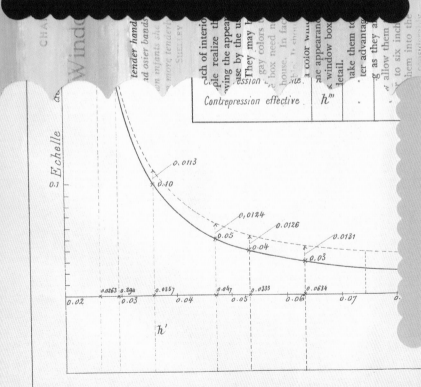

Contrepression effective h'''

Echelle

0.1

0.0113
0.10
0.0124
0.05
0.0126
0.04
0.0131
0.03

0.0263 0.294 0.0357   0.047   0.0333   0.0634
0.02   0.03   0.04   0.05   0.06   0.07

h'

133. - PARIS (7e)
La Tour Eiffel

L'édifice le plus élevé du monde. Construit de 1887 à 1889. Hauteur: 300 m.; poids: 7 millions de kilos. Son écartement à la base est de 100 mètres; 2.500.000 rivets relient ses 15.000 pièces de métal. La première plate-forme est à 57 m., la 2e à 115 m., la 3e à 280 m. Les escaliers sont formés de 1.792 marches.   J. H.

FRE49-03

FRE49-02

FRE49-07

FRE49-08

FRE49-04

FRE49-06

FRE49-05

49 — FRE49-01

Théorie des Machines Compound

123 PARIS. — Panorama des Huit Ponts. — Panorama of the eight bridges. — LL.

Fig 4 — b, c, d, Courbe des efforts pour $\dfrac{z_4}{l} = \dfrac{1+\alpha}{1+\alpha z}$ correspondant à l'annulation de la perte de travail

Nota : Dans ce cas l'effort initial et l'effort final sont les mêmes que si la détente eût été opérée dans un cylindre unique.

Fig 3

Courbes des pressions

Courbes $a - b - c$. $h = \dfrac{H}{6} = d\,d'$

Introduction $\dfrac{z_1}{l}$ dans

$$\ell = \int_{z_1}^{z_4} V_0' H'' \, dz$$

$$\text{Courbe } b\,c, \quad H' = H \times \dfrac{\alpha}{1+\alpha} + \dfrac{1+\alpha}{\frac{z}{l}+\alpha} \cdot \dfrac{1}{\left(\frac{z}{l}-1\right)} \cdot \dfrac{\alpha}{\frac{K+\alpha}{l}}$$

$$\text{Courbe } p_2 \, d, \quad H'' = H \times \dfrac{\alpha}{1+\alpha}$$

$$\text{Courbe } \zeta\,d, \quad H''' = \dfrac{H}{6} \times \dfrac{z}{l}$$

painted. All joints painted with at lea... put together, ... used instead of c-il requirement

gravel should be pl... his should be pla... he gravel well. In t... s required almost da... owed to dry it wil... oards and the plan... Fertilizer. If cl... nd reworked with... year, the box need... years. Liquid man... constructed, adds to... al plant food or... may be given once a... e used not to apply... well established and... Plants. A wide-... ble and the simple... he best... ct the p... Even...

expos'... ntana, ld, helic... onia, ca... eus, dus... railin... is plum... n ivy, ... dy box... egoni... t any fe... ame as fo...

FRE50-02

FRE50-03

FRE50-07

FRE50-04

FRE50-06

FRE50-01

FRE50-05

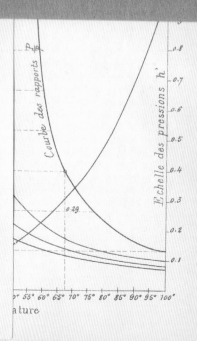

31

très petite

40 · POSTES · RÉPUBLIQUE FRANÇAISE

Courbe des rapports $\frac{P}{P}$

Echelle des pressions h'

0.8
0.7
0.6
0.5
0.4
0.3
0.2
0.1

0 29

50° 55° 60° 65° 70° 75° 80° 85° 90° 95° 100°

ature

Paris.-Imprimerie des Arts et Manufactures, 8, rue du Sentier.

FRE51-03   FRE51-02

FRE51-04

FRE51-05

FRE51-08

FRE51-06

FRE51-07

51 ─ FRE51-01

Pour les figures 1. 2. 3. 4. on a $h = 5$, $\ell' = 1$, $\dfrac{z}{z_0} = 5$ 6·5

Photographie D'AUBERVILLIERS

A. Chamaret

39

Rue de Paris

GRAND ATELIER DE POSE POUR SOCIÉTÉS, MARIAGES

Agrandissements, Reproductions

EN TOUS GENRES

On opère tous les jours et par tous les temps

Les Clichés sont conservés

Fig 1 Courbes des pressions

519. - NICE. — La Promenade des Anglais. R. M.
English Promenade.

LA GROTTE DES SINGES

Le Vestibule du Musée est une grotte du style Louis XIV, ornée de niches, dans lesquelles des singes de diverses familles se livrent aux parades les plus fantaisistes. Ces intéressants animaux, très finement observés, sont dus à l'habile statuaire

FRE52-03   FRE52-02

                                      FRE52-07

FRE52-04

FRE52-05   FRE52-06

— FRE52-01

remarquable si, entre 5 et 7, on n'y rencontrait les écrivains les plus célèbres qui reviennent de chez Julliard ou de chez Gallimard surveiller leur tirage ou chercher une avance.

8e ARRONDISSEMENT

Alexandre
53, avenue George-V, 8e. ELYsées 17-82. Ouvert tous les jours jusqu'à 2 h. du matin.

Sa terrasse rivalise avec celle du Fouquet's qui se trouve juste en face. On y rencontre les mêmes clients : si ce ne sont eux, ce sont leurs frères. Heures de pointe : 19 h. à 20 h. 30. On peut également dîner (on sert jusqu'à 1 h. du matin).

la Belle Ferronnière
53, rue Pierre-Charron, 8e. BALzac 03-82.

Juste en face de l'hebdomadaire « Paris-Match », ce café à terrasse (récemment transformé) est un des fleurons du folklore parisien. De 13 à 14 h. et de 18 h. 30 à 20 h. on y trouve un nombre impressionnant de photographes qui ont du travail ou qui vont en avoir, de starlettes en inactivité, de jolies coiffeuses, de producteurs à la recherche d'un film, de turfistes en quête d'un cheval et de messieurs de professions indéterminées.

la Calavados
40, avenue Pierre-Ier-de-Serbie, 8e. BAL. 95-38.

Dans la journée le Calavados est un bar-restaurant classique fréquenté par des hommes d'affaires et de cinéma, et par les anciens mannequins de Jacques Fath dont la maison de couture se trouvait naguère située juste en face. La nuit, les Champs-Elysées, Saint-Germain-des-Prés et l'avenue Foch y déversent leurs épaves et leurs jolies femmes. L'atmosphère de la salle tout en longueur devient plus mystérieuse quoique toujours « très parisienne ». (Voir aussi rubrique « Cabarets-jazz ».)

Il me faut six blancs, encor' ce n'est guère.
Vous m'embrass'rez donc ma petit' lingère.
J'amais j' n'ai vu si menu coudre.
Jamais je n'ai vu
Coudre si menu.

A ta fenêtre on voit d'ici
Du foyer la flamme qui brille ;
J'entends le fagot qui pétille,
Et moi j'ai le corps tout transi.
Quand ma bouche à peine articule,
Quand, sans pitié, ton œil me voit,
O mon Ursule, etc...

FRE53-03   FRE53-02

FRE53-04

                              FRE53-08

                    FRE53-05

                                                    FRE53-07

          FRE53-06

FRE53-01

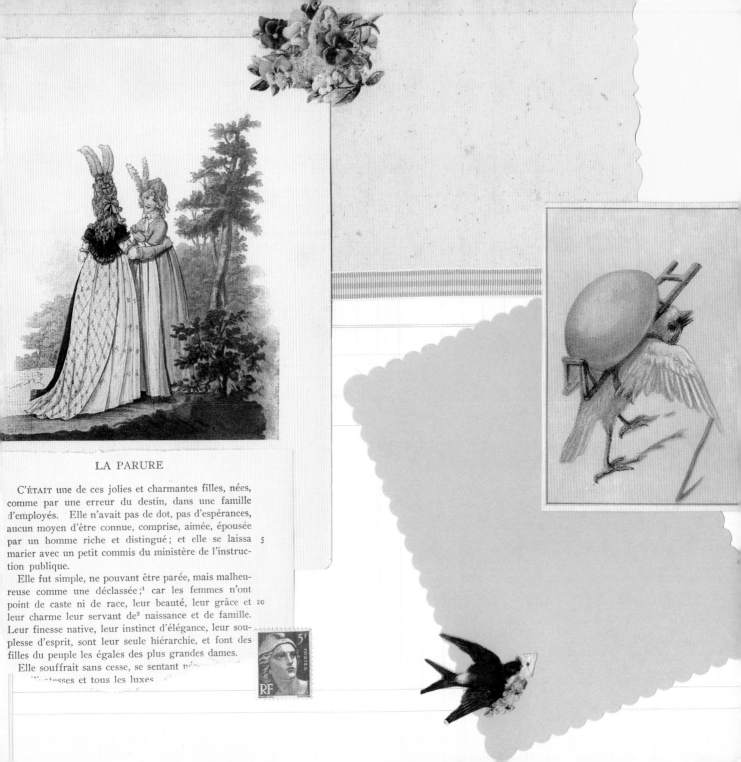

LA PARURE

C'était une de ces jolies et charmantes filles, nées, comme par une erreur du destin, dans une famille d'employés. Elle n'avait pas de dot, pas d'espérances, aucun moyen d'être connue, comprise, aimée, épousée par un homme riche et distingué; et elle se laissa 5 marier avec un petit commis du ministère de l'instruction publique.

Elle fut simple, ne pouvant être parée, mais malheureuse comme une déclassée;[1] car les femmes n'ont point de caste ni de race, leur beauté, leur grâce et 10 leur charme leur servant de[2] naissance et de famille. Leur finesse native, leur instinct d'élégance, leur souplesse d'esprit, sont leur seule hiérarchie, et font des filles du peuple les égales des plus grandes dames.

Elle souffrait sans cesse, se sentant né...

...tesses et tous les luxes...

FRE54-02

FRE54-03

FRE54-10

FRE54-04   FRE54-09

FRE54-05   FRE54-08

FRE54-06   FRE54-07

FRE54-01

AU MOINE S^T-MARTIN
50, Rue Turbigo, 50

HISTOIRE DE BARBE-BLEUE N° 5.

MÉDAILLES
Or, Vermeil, Argent et Bronze

DEUX RÉCOMPENSES
Exposition Universelle de Paris 1878

A. PERNOT-GILLE
B. S. G. du G.
à DIJON
Inventeur du four multiple.

MANUFACTURE
DE BISCUITS DE LUXE
PAIN D'ÉPICES
NONNETTES FINES, PETITS FOURS

SOUVENIR et Amitiés de PUTEAUX

L'Abeille
Asnières

FRE55-04

FRE55-03

FRE55-02

FRE55-05

FRE55-06

FRE55-11

FRE55-07

FRE55-10

FRE55-08

FRE55-09

55 — FRE55-01

85. — MONTE-CARLO
Les Jardins et le Casino

Paris. La Basilique du Sacré-Cœur & le Funiculaire

№ 5

FRE56-03

FRE56-02

FRE56-04

FRE56-08

FRE56-05

FRE56-06

FRE56-07

FRE56-01

Nº 14. Mlle Cécile Sorel,

Sociétaire de la Comédie-Française.

(Rôle de Célimène, dans *le Misanthrope*).

❧

Nº 15. Chez le grand couturier.

❧

Nº 16. L'Alsace reconquise.
Strasbourg fête son retour à la France.

14 TOULOUSE — Carrefours Bayard et d'Alsace-Lorraine

CARTE POSTALE

Correspondance

Tous les pays étrangers n'accept
correspondance au recto. se rense

Adresse

G. d'O. 66. VICHY — Rue et Hôtel du Parc

Au mois de juillet 1885, *le Figaro* publiait, sur la baignoire de Marat, un article fort intéressant qui révélait au public l'existence de cet objet historique. Reléguée au fond de la Bretagne, elle était échue en héritage à un brave curé, M. l'abbé Le Cosse, doyen de Sarzeau.

Dès ce moment, le Musée Grévin n'eut qu'une pensée : se rendre maître de la

FRE57-04   FRE57-03   FRE57-02

FRE57-05

                                                        FRE57-08

FRE57-06

                                                FRE57-07

FRE57-01